Gema Luciáñez Sánchez

APULEYO EDICIONES   FOMENTO DE VALORES   CUENTOS ILUSTRADOS

La misión de Marley

APULEYO EDICIONES   FOMENTO DE VALORES   CUENTOS ILUSTRADOS

EL CIELO DE LOS PERROS

Estaba anocheciendo en el cielo y el perrito de agua Marley estaba tumbado sobre una manta de césped. Alrededor de Marley estaban cuatro perritos: Luna, Candela, Trasto y Siete.

Marley parecía dormir. De repente abrió los ojos:

—Hola, ¿dónde estoy?

—Hola, Marley. Bienvenido —dijo el perro de agua negro llamado Siete.

Marley estaba confuso. Miró a su alrededor, después a Luna, Trasto, Siete y a la perrita de agua que no llegaba a recordar su nombre.

—Hola, amigos. Sois vosotros. Entonces...

—Sí, Marley, estás en el cielo. Ya no estás con tu mamita en la Tierra —dijo la perrita de agua.

Los cuatro perritos empezaron a dar lametones a Marley para animarlo.

—Chicos. Esperad. Os veo... Os puedo ver... ¡Mis ojos ya no están enfermos!

—Claro, Marley. Ya estás en el cielo, con nosotros. Aquí ya no nos duele nada. Mira a tu alrededor. ¿Ves qué de campo para correr? ¿Puedes ver esas nubes para saltar? —dijo Luna.

Trasto, el perro blanco, añadió:

—Mira, Marley, ¡todavía hay más! Por allí está la zona de pelotas y a la izquierda está la comida y las chuches.

—¡¡¡Ualaaaaaa!!! ¿Y podemos jugar todo el rato? ¿Y podemos saltar? ¿Y correr? —preguntó Marley, emocionado.

Los cuatro perros gritaron a la vez:

—¡¡¡Síííííí!!!

Pero, de repente, el rostro de Marley se entristeció.

—¿Y mamita humana? ¿Se ha quedado sola? ¿Quién cuidará ahora de ella?

La perrita de agua le dio besitos.

—Marley, es normal que estés triste. Ahora descansa, vamos a enseñarte tu nube.

—¿Mi nube? —preguntó Marley

—Sí, la nube donde dormirás mientras estés en el cielo. Ya verás, es muy cómoda y nosotros estamos en las nubes de al lado. Nos lo vamos a pasar genial, aquí en el cielo de perritos todo es divertido y la felicidad es inmensa. Ya no nos duele nada y podemos disfrutar todos juntos.

—¿Cómo te llamas? —preguntó Marley—. No sé tu nombre.

—Me llamo Candela. Soy la perrita que sirvió de modelo a mi mami mientras te tejía los jerséis cuando estabas enfermo.

—¡Ah! Ya me acuerdo de ti. Mamita me lo contaba.

Poco a poco, Marley se fue sintiendo más tranquilo. Acababa de encontrarse con sus amigos de la Tierra.

Siete era un perro bonachón que había vivido en la casa de mamita antes que vivieran ellos. Por eso, todos los rincones olían a él y le fue muy fácil reconocerlo. Trasto era su amigo y vecino, un golden blanco y Lunita fue su protectora cuando Marley se quedó ciego.

Todos ellos se habían ido al cielo antes que él, pero allí estaban ahora, recibiéndolo con todo el amor que siempre se habían tenido.

Cuando le enseñaron su nube, Marley comenzó a saltar y a saltar en ella. Era cómoda como el algodón de azúcar, calentita y suave. Muy confortable. De repente se sintió muy cansado y se durmió. Soñó con su mamita querida.

DIOSITO

Estaba amaneciendo en el cielo. Diosito se acercó a la nube de Marley. Él dormía plácidamente. Diosito empezó a rascarle la barriga. A Marley esas caricias le resultaron familiares, nadie acariciaba la barriga como Diosito. Abrió los ojos y saltó sobre él.

—¡Diosito! —gritó Marley mientras daba saltos de alegría.

—¡Hola, Marlito! Bienvenido al cielo. Tenía muchas ganas de verte —dijo Diosito mientras le seguía haciendo carantoñas—. ¿Cómo está mi perro preferido?

—Pues un poco triste por haber dejado a mi mamita querida.

—Entiendo que estés triste. Os queríais mucho mamita y tú. Pero ya sabes que las misiones se acaban y tenéis que volver al cielo.

—Lo sé —respondió Marlito.

—Has sido un perro estupendo. Has cumplido tu misión con éxito. Te has ganado la medalla de oro a la misión cumplida.

—¿De verdad? —preguntó Marley.

—Claro. Estoy muy orgulloso de ti. Mamita ha comprendido la misión que tú fuiste a cumplir. Ya nada será igual en la vida de mamita querida. Ha sido duro, tu ceguera, tu enfermedad, pero todo ha tenido sentido porque en el cielo todo tiene sentido.

Marley daba lametazos y lametazos a Diosito. Estaba feliz.

—Oye, Diosito…, aquí se come, ¿verdad?

—¡Ja, ja, ja, ja, ja, claro! Venga, vete a desayunar con el resto de tus amigos perrunos.

Y Marley saltó de su nube y corriendo se marchó con sus amigos, que ya estaban desayunando un buen plato de carne.

LA NUBE MÁGICA

Aquella mañana, Marley fue conociendo a otros perritos que estaban en el cielo.

El cielo está dividido en patrullas caninas. Por supuesto, en su patrulla estaban Siete, Trasto, Candela y Luna, además de otros amigos.

Esa mañana jugaron y jugaron a la pelota, corretearon, saltaron, dieron vueltas sobre el césped verde y tomaron el sol. También Diosito les dio algunas chuches.

"Realmente en el cielo se está genial", pensó Marley. Además, necesitaba un descanso merecido de la misión en la Tierra.

De repente sintió ganas de tumbarse en su nube a dormir un poco.

Echó de menos la cercanía del cuerpo de su mamita querida a su lado. Se puso de nuevo un poco triste. Candela, que no se separaba de él, le dijo:

—¿Estás triste, Marley?

—Un poco. Echo de menos a mamita.

—¿Te cuento una cosa?

—¿El qué? —preguntó Marley.

—¿Sabes que esta nube es mágica? —le contó Candela.

—¿Cómo?, ¿mágica? —preguntó Marley con extrañeza.

—Mágica para ti. Solo tienes que escarbar en la nube con tus patas delanteras y hacer un agujero en ella, como cuando buscabas topillos, ¿te acuerdas?

—Sí, claro —contestó Marley.

—Pues ya verás. Hazlo.

Marley se puso a escarbar y a escarbar en la nube. Hizo un agujero profundo, de hecho, estaba totalmente asomado de tal manera que solo sobresalía su culete por la nube.

—Ja, ja, ja, ja —empezó a reírse Candela—. ¡Tienes el culo en pompa!

Pero Marley ya no la escuchaba. Estaba entusiasmado con lo que veía.

—¡Pero si es mamita querida!

—¡Claro! Desde aquí puedes verla todo el rato.

Marley no podía dejar de mirar. La estaba viendo en el jardín de la casa, donde tantas veces habían jugado juntos a la pelota. Marley sacó la cabeza de la nube.

—¿Y podré verla siempre? —preguntó a Candela.

—Claro, nosotros seguimos acompañando a nuestros humanos desde aquí.

Candela seguía hablando mientras Marley se asomaba de nuevo a la nube.

—Pero, Marley, escucha que hay más.

—¿El qué? —preguntó algo contrariado a Candela, ya que no quería que le interrumpiera.

—Cuando mamita duerma y digas la palabra mágica, pasará algo increíble.

—Venga, ¡cuéntalo ya!

—No puedo contártelo. Tendrás que descubrirlo tú solo. Cuando mamita esté dormida tendrás que decir la palabra "tobogán" y ya verás qué ocurre.

Marley se quedó muy inquieto. Aún era de día y quedaba mucho para que mamita se durmiera. Aún tenía que terminar de trabajar y cenar. Después se dormiría.

Así fue. Cuando mamita se fue a dormir, Marley dijo en voz bajita "tobogán", y entonces salió un tobogán de la nube muy muy muy largo.

Marley se asomó y, *opsssss*..., resbaló y cayó por el tobogán muy muy rápido. Solo notaba mucha velocidad y de repente notó que se paraba. Y ahí estaba, en la cama de mamita que estaba plácidamente dormida. La miró, la olió y se acurrucó a su lado.

Y así durmieron plácidamente los dos.

Al día siguiente se despertó de nuevo en su nube. Se sentía inmensamente feliz. "Esta nube mola", pensó.

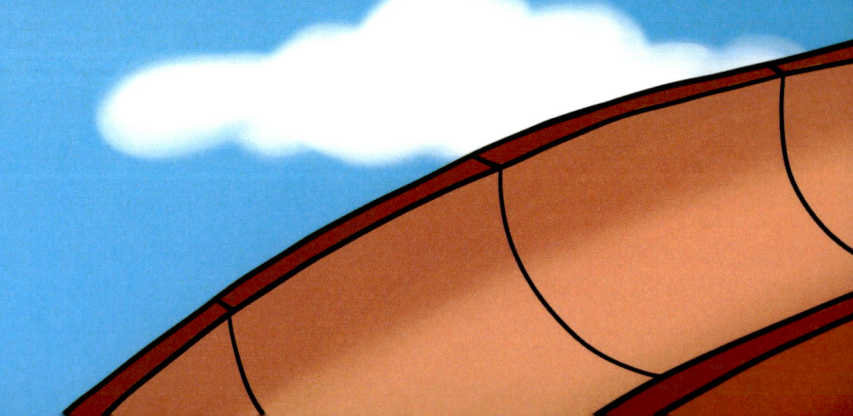

UN DÍA DE TRABAJO EN EL CIELO

Aquel día, Marley se despertó como de costumbre, sin prisas, dándose friegas boca arriba en la nube. Estaba estirándose cuando Candela pasó por al lado de su nube corriendo.

—Vamos, Marley, arriba, que hoy toca trabajar —gritó Candela.

—¿Cómo trabajar? ¿Pero en el cielo se trabaja?

—¡Claro! ¡Hay que repartir misiones! Le toca a nuestra patrulla.

Marley pensó que algo no le habían contado. Desde que estaba en el cielo solo había jugado y comido. ¡Era el cielo! Nunca pensó que había que trabajar.

—Oye, Candelilla, yo tengo hambre y luego quiero jugar.

—Ya, Marley, pero hay días que Diosito nos necesita para asignar las misiones perrunas en la Tierra.

—¿Y eso cómo se hace?

—Pues Diosito nos da una lista con los humanos que necesitan resolver problemas en la Tierra y le mandamos un perrito para que le ayude a resolverlos.

—¡Ahhhh! Comprendo —dijo Marley.

—Pues venga, apúrate. Vete a desayunar y nos ponemos en marcha.

Marley se sacudió y se fue a comer su plato de carne. Cuando acabó ya lo estaban esperando sus amigos para ir con Diosito a preparar las misiones.

Recorrieron los pasillos del cielo. Marley no conocía aún algunos de los recovecos. Realmente el cielo era inmenso.

Y finalmente llegaron a donde estaba Diosito esperándolos. Les dio unos arrumacos a todos y, a continuación, les explicó la tarea del día de hoy.

Por un lado, la lista de los humanos, por otro, la lista de los perritos que ya debían abandonar el cielo para comenzar otra misión en la Tierra. Ellos debían decidir qué misión llevaría a cabo cada perrito y con qué humano.

Así, poco a poco, Marley fue entendiendo que también él abandonaría el cielo de nuevo para tener otra misión. Pero eso sería cuando Diosito lo decidiera. De momento, tocaba estar en el cielo.

Así pasó el día la patrulla canina de Marley, entre debates y reflexiones de cuál sería la mejor misión para cada perrete. Poco a poco le fue cogiendo el truco y le resultaba divertido esta nueva tarea. Además, así estaban todo el día con Diosito.

Al final del día, se ganaron más arrumacos de Diosito, así como doble ración de comida y... ¡muchas chuches!

"Hoy el día había molado mucho", pensó Marley.

LOS POLVITOS MÁGICOS SOÑADORES

Aquella noche, Marley se encontraba mirando a mamita a través de la nube mágica con el culete en pompa. Le encantaba mirar a mami. Estaba esperando a que se durmiera para bajar por el tobogán. Pero no había manera, aquella noche mamita no se dormía. Y entonces recordó que al día siguiente sería un día muy importante para ella y que era fundamental que durmiera bien.

Marley empezó a impacientarse. Le estaba entrando sueño a él. Y mamita solo daba vueltas y vueltas en la cama.

Candela, que aquella noche se había quedado en la nube de Marley, lo notó inquieto.

—¿Qué pasa, Marley?

—Pues que mamita no se duerme. Ya es tarde y sé que mañana es un día muy importante para ella —contestó con tono de preocupación.

—Ah, bueno. Hay una solución.

—¿Ah sí?

—Claro, debes ir a Diosito y pedirle los polvitos mágicos soñadores.

—¿Crees que lo encontraré a estas horas? —preguntó Marlito.

—Claro, Diosito no duerme —contestó Candela mientras se lamía una pata.

—Vale, iré a buscarlo.

Marley saltó de su nube. De repente se dio cuenta de que no sabía dónde encontrar a Diosito en el cielo.

Pensó que iría preguntando por los pasillos a los perretes que se encontrara. El problema es que era de noche y muchos perretes dormían.

Aun así, se echó a la carrera. Era urgente conseguir los polvitos para que mami pudiera dormirse. Corrió y corrió a través de los pasillos; sin éxito. No olía a que Diosito estuviera cerca.

De repente encontró unas escaleras y las subió. Había una puerta gigante en la que colgaba un cartel: "No molestar. Despacho de Diosito".

—Upsss —expresó Marley.

No quería molestar, pero era un asunto grave. Mamita mañana tenía un asunto muy importante y debía dormir bien aquella noche. Pensó que él era un perrito valiente y que seguro Diosito lo entendería.

Rascó suavemente la puerta con su patita perruna. Silencio absoluto.

De repente abrió la puerta un san bernardo gigante. Su olor le resultaba familiar, de haberse cruzado con él por los pasillos.

—Hola. Mi nombre es Marley.

—Hola. Yo soy Melito. ¿Qué quieres? Es muy tarde Marley —dijo con tono amigable.

—Pues vengo a por polvitos mágicos soñadores. Son para mi mamita. Es fundamental que se duerma y la pobre no puede dormir esta noche —Marley empezó a gemir.

—Espera. No gimas que Diosito descansa. Yo te ayudaré.

Meli le sacó una mochilita que le colgó en el lomo a Marley.

—Corre. Seguro que queda plácidamente dormida.

—Gracias, amigo.

Se dieron un besito perruno y Marley volvió corriendo muy deprisa a través de los pasillos del cielo. La vuelta fue más fácil, pues era capaz de oler perfectamente a los perretes de su patrulla.

Cuando llegó a la nube, Candela dormía plácidamente. Marley pensó en lo buena y guapa que era. Abrió la mochila con su boquita y, a continuación, hizo el agujero en la nube. Agarró la mochila abierta con la boca y moviendo fuertemente la cabeza, logró ver cómo salían los polvos mágicos del sueño de la mochila y cómo se esparcían sobre la cama de mamita.

Esperó... 1, 2, 3, 4, 5, 6... No sabía contar mucho más... Y ocurrió. Vio cómo Mamita iba quedándose dormida. Marley respiró aliviado al fin.

Dijo "tobogán" y al momento ya estaba acurrucado a su lado.

"Esta noche me necesitaba", pensó Marley.

Y LLEGÓ LA NUEVA MISIÓN

Marley estaba tumbado en su nube en un día en el que había más nubes de la cuenta y el sol apenas le había calentado el lomo en esa mañana. Habían estado jugando toda la mañana a saltar en unas nubes que estaban llenas de agua, por lo que habían conseguido que lloviera en la Tierra. Se sentía cansado pero feliz.

Se estaba quedando dormido cuando sintió una mano amorosa que le toca el pelaje. Solo Diosito acariciaba así a los perretes. Abrió los ojos y allí estaba, sentado a su lado.

—¡Hola, Diosito! —empezó a dar brincos y a revolcarse, mostrando su barriga para recibir cosquillas

—Hola, Marlito querido. ¿Cómo está mi perro preferido?

—¡Muy bien! ¡Hoy hemos hecho lluvia!

—Genial. ¡Eres un gran perro! —dijo Diosito, sonriendo.

Marlito le dio unos lametazos con mucho énfasis. Diosito le pidió que se sentara que tenía que hablar con él.

—¿Qué pasa? —preguntó Marley.

—Marlito, llevas ya un tiempo en el cielo. Has descansado todo lo que necesitabas para afrontar una nueva misión.

Marley miró a Diosito con sus ojos color avellana. Le dio un vuelco el corazón. Una mezcla de tristeza y nervios se apoderaron de él. Sabía que este momento llegaría, pero el presente invade la vida de los perros y él no se ocupaba de eso.

—¿Cuándo me iré? —preguntó Marley.

—Pronto. Ya he elegido al humano con el que estarás. Ya le he puesto el deseo de un perro en el corazón y está impaciente por tener un perro de agua. Tienes una misión concreta y preciosa.

—¿Cuál? ¿Quién es? —insistió, impaciente.

—No puedo decirte nada. Lo irás descubriendo. Cuando llegues a la Tierra, serás un pequeño cachorro, conocerás al humano y será tu familia. Y, poco a poco, te iré desvelando cuál es tu misión.

—¿Y mamita querida? ¿Quién cuidará de ella? —preguntó, angustiado.

Diosito miró a Marley profundamente y le preguntó:

—¿Confías en mí?

Y entonces Marley comprendió. Una profunda paz y amor invadió su cuerpo peludo. Diosito lo abrazó y Marlito le dio un lametazo lleno de amor.

El resto de los días, Marlito fue preparándose para bajar a la Tierra. Se despidió de sus amigos en el cielo, sabiendo que volvería a verlos. Estaba preparado para comenzar una vida llena de aventuras en la Tierra y para amar incondicional-mente a sus humanos. También para hacer trastadas. ¡Muchas trastadas!

NACE UN PERRO DE AGUA

En algún sitio de la Tierra, la perrita Simba dio a luz cuatro machos y dos hembras. Uno de ellos era marrón, con una pequeña mancha blanca. Con sus ojitos cerrados buscaba a su mamá perruna para poder alimentarse.

¡Bienvenido al mundo! ¡Bienvenido a tu nueva misión!

© Gema Luciáñez Sánchez (de la obra)
©Apuleyo Ediciones (de esta edición)
Primera edición en Apuleyo Ediciones: noviembre 2024
Diseño de cubierta: Ernesto Pérez Martínez
Corrección: Aitor Andreu Guerrero
Maquetación: Sofía Corzo González
Ilustraciones: Cleiton Gomes
Coordinación editorial: Isidoro Cidre González
info@apuleyoediciones.com
www.apuleyoediciones.com
ISBN: 978-84-1060-286-1
Depósito legal: H 297-2024

Hecho e impreso en España.